Schlauchschals, auch „Loops" genannt, sind das Accessoire für jede Jahreszeit – während sie im Winter wärmen, peppen sie im Sommer Kleider, Tops und Blusen auf!

Der Phantasie sind beim Nähen keine Grenzen gesetzt: hinreißende Farbkominationen und überraschende Formen schmeicheln Hals und Dekolleté auf ganz besondere Art und Weise.

Egal, für welches Modell Sie sich entscheiden, hier kommt jeder auf seine Kosten – vom Nähanfänger bis zum Profi!

Wir wünschen Ihnen viel Spaß beim Nähen und Tragen der Loops und Snoods!

Barbara Koch

Eva Scharnowski

Einfach, aber effektvoll

doppelt geschlungen

GRÖSSE
ø 65 cm x 18 cm

MATERIAL
* Baumwollstoff in Pink mit
  buntem Blumenmuster
  (Stoff A), 1,14 m x 80 cm
* Baumwoll-Batist in
  Orange mit pinken Punkten
  (Stoff B), 1,14 m x 80 cm

ZUSCHNITT
1x Stoff A, 1,14 m x 40 cm
1x Stoff A, 24 cm x 40 cm
1x Stoff B, 1,14 m x 40 cm
1x Stoff B, 24 cm x 40 cm

1 Nähen Sie das längere Teil von Stoff A mit dem kurzen Teil von Stoff B an der Seitenkante r-a-r zusammen und wiederholen Sie dies mit den beiden anderen Stoffbahnen. Bügeln Sie die Nähte von der linken Seite jeweils auseinander.

2 Legen Sie die beiden Stoffbahnen jeweils r-a-r in den Stoffbruch und nähen Sie die Längskanten von der rechten und linken Seitenkante ca. 7 cm eingerückt zusammen. Wenden Sie die beiden Loops und bügeln Sie die Kanten und Nähte in Form.

3 Nähen Sie bei einem Loop die Seitenkante r-a-r zusammen und schließen Sie die Wendeöffnung mit kleinen Handstichen.

4 Nun werden die beiden Loops miteinander verschlungen, indem Sie den noch offenen Loop mit einer Seite durch den bereits zugenähten führen und dann erst die Seitennaht r-a-r zunähen. Zum Schluss nähen Sie die Wendeöffnung mit kleinen Handstichen zu.

Verzopft

Loop aus geflochtenen Jerseybändern

GRÖSSE

ø 58 cm x 12 cm

MATERIAL

* Jerseystoff in Türkis
  (Stoff A), 1,52 m x 15 cm

* Jerseystoff in Silber
  (Stoff B), 1,52 m x 40 cm

* Jerseystoff in Aqua
  (Stoff C), 1,52 m x 30 cm

ZUSCHNITT

(parallel zur Stoffbreite)

1x Stoffstreifen,
1,52 m x 15 cm (Stoff A)

1x Stoffstreifen,
1,52 m x 15 cm (Stoff B)

3x Stoffstreifen,
1,52 m x 8 cm (Stoff B)

1x Stoffstreifen,
1,52 m x 15 cm (Stoff C)

3x Stoffstreifen,
1,52 m x 4 cm (Stoff C)

1 Ziehen Sie die Jerseystreifen etwas in die Länge, sodass sich die Außenkanten nach innen rollen und flechten Sie einen lockeren Zopf aus den 15 cm breiten Stoffstreifen aus Stoff A, B und C. Legen Sie die drei Streifen am Anfang übereinander und heften Sie diese mit einer Sicherheitsnadel zusammen. Fixieren Sie mit Stecknadeln die Jerseystreifen in Längsrichtung auf dem Bügelbrett, damit Sie den Zopf gleichmäßig und locker flechten können. Nähen Sie die übereinander liegenden Streifen mit zwei bis drei kleinen Handstichen verdeckt zusammen, damit diese beim Tragen nicht verrutschen und kürzen Sie den Zopf auf eine Länge von ca. 1,20 m

2 Nun vernähen Sie die jeweils gleichfarbigen Jerseystreifen beim großen Zopf miteinander: Legen Sie den Zopf glatt auf Ihre Arbeitsfläche. Beginnen Sie mit einem Streifen, nähen Sie dessen Enden (gleiche Farbe) l-a-l zusammen und schneiden Sie die Kante, welche dann innerhalb des gerollten Bandes liegt, knapp zurück. Ziehen Sie das Band noch einmal etwas in die Länge, damit sich die Ränder wieder zusammenrollen.

3 Wiederholen Sie Schritt 1 mit den schmalen Jerseystreifen und flechten Sie jeweils aus Stoff B und C einen Zopf.

4 Legen Sie die schmalen einfarbigen Zöpfe auf die Arbeitsfläche, kürzen diese auf ca. 1,20 m und schlingen Sie den schmalen Zopf durch den breiten, bereits geschlossenen Zopf. Hier haben Sie keine Farben zum Zuordnen, deshalb müssen Sie darauf achten, dass die Jerseystreifen richtig zusammengenäht werden. Nähen Sie zuerst ein Band zusammen, wie in Schritt 1 und 2 beschrieben. Flechten Sie die beiden anderen Bänder so, dass das Zopfmuster weiterläuft. Heften Sie vorher mit Nadeln oder auch Heftfaden die richtigen Bänder zusammen. Nähen Sie diese ebenso zusammen wie in Schritt 2.

5 Wiederholen Sie Schritt 4 mit dem zweiten schmalen Zopf.

Make me happy

Loop mit Laschendurchzug

GRÖSSE
ø 90 cm x 38 cm

MATERIAL
* Feincord in Grün
  (Stoff A),
  1 m x 45 cm
* Baumwoll-Batist
  in Violett mit
  grünen Punkten
  (Stoff B),
  1 m x 45 cm

ZUSCHNITT
1x „Make me happy"
im Stoffbruch
(Stoff A)

1x „Make me happy"
im Stoffbruch
(Stoff B)

**SCHNITT-
MUSTER-
BOGEN 1A**

1 Legen Sie die Teile aus Stoff A und B l-a-l aufeinander, sodass Stoff A oben liegt und schneiden diese gemäß Schnittmuster zu. Drehen Sie Segment 2 und 4 so, dass nun Stoff B zu sehen ist. Segment 1 und 3 liegen mit Stoff A oben. Nähen Sie zuerst Segment 1 rundherum r-a-r zusammen, außer an der geraden Oberkante, und kürzen Sie die Ntzg auf 5 mm. Schneiden Sie nun an den Rundungen die Ntzg vorsichtig im Abstand von 1 cm bis zur Naht ein. Wenden Sie Segment 1 und bügeln Sie die Kanten in Form.

2 Schließen Sie bei Segment 2 die Seitenkanten und nähen es dann mit Segment 1 r-a-r verstürzt zusammen. Achten Sie darauf, dass die Seitennähte exakt aufeinandertreffen! Bügeln Sie die Nähte von links auseinander.

3 Die Seitenkanten nähen Sie bei Segment 3 zu und nähen es r-a-r verstürzt mit Segment 2 zusammen. Lassen Sie für den Laschendurchzug zwei Schlitze in der Naht (siehe Schnittmuster). Bügeln Sie die Nähte von links auseinander.

4 Segment 4 wird an den Außenkanten r-a-r mit einer ca. 10 cm langen Wendeöffnung zugenäht. Noch nicht wenden! Nun muss das bisher genähte Teil, bestehend aus Segment 1, 2 und 3, r-a-r von unten durch die Wendeöffnung von Segment 4 gezogen werden. Heften Sie die gerade Kante von Segment 4 mit der des bereits zusammengenähten Teils r-a-r zusammen und nähen Sie diese, gemäß Schnittmuster, zu. Ziehen Sie Segment 4 nun nach oben mit der Wendeöffnung weg. Damit ist der Loop bereits gewendet. Schließen Sie die ca. 10 cm lange Öffnung an der Außenkante von Segment 4 mit kleinen Handstichen.

5 Nähen Sie nun jeweils die Vorder- und Rückseite der Schlitze für den Laschendurchzug mit kleinen Handstichen zu, sodass der Laschendurchzug entsteht.

Indian Summer

Loop mit Federfranse

GRÖSSE
ø 66 cm x 25 cm mit Federfranse und Lederbändern

MATERIAL

* Baumwollstoff mit Zebradruck in Braun (Stoff A), 1,12 m x 65 cm
* Baumwollstoff mit Zebradruck in Beige (Stoff B), 1,12 m x 60 cm
* Federfranse, 70 cm
* 5 Wildlederbänder in Beige, 3 mm breit, 2,5 m lang
* 4 opake Großloch-Glasperlen in Rot, ø 1,6 cm
* 6 opake Großloch-Glasperlen in Grün, ø 1,6 cm
* 4 opake Großloch-Glasperlen in Gelb, ø 1,6 cm
* 4 transparente Großloch-Glasperlen in Blau, ø 1,6 cm

ZUSCHNITT
2x „Indian Summer 1" im Stoffbruch (Stoff A)

2x „Indian Summer 2" im Stoffbruch (Stoff B)

40x Wildlederbänder à 20 cm Länge

SCHNITTMUSTER-
BOGEN 1A

1 Nähen Sie die Federfranse, gemäß Schnittmuster 1, r-a-r auf die Oberseite von Stoff A. Achten Sie darauf, dass die Federn auf der Oberseite von Stoff A liegen und zur Innenkante zeigen. Heften Sie nun das zweite Teil von Schnittmuster 1 r-a-r auf Stoff A mit der angenähten Federfranse, welche dann zwischen den beiden Stofflagen wie in einer „Tasche" verschwindet und nähen Sie die Außenkante zu. Ebenso schließen Sie die Innenkante, jedoch ca. 7 cm eingerückt von den kurzen Seitenkanten. Kürzen Sie die Ntzg auf ca. 5 mm zurück und schneiden Sie an den Rundungen die Ntzg im Abstand von 1 cm vorsichtig bis zur Naht ein. Wenden Sie den Loop und bügeln Sie die Kanten und Nähte in Form.

2 Nähen Sie die 40 Wildlederbänder, gemäß Schnittmuster 2, auf die Oberseite von Stoff B. Achten Sie darauf, dass die Bänder auf der Oberseite von Stoff B liegen und wie bei der Federfranse zur Innenkante zeigen. Heften Sie nun das zweite Teil von Schnittmuster 2 r-a-r auf Stoff B mit den angenähten Bändern. Die Bänder verschwinden zwischen den beiden Stofflagen. Nähen Sie nun die Innen- und Außenkante zu. Kürzen Sie die Ntzg auf ca. 5 mm zurück und schneiden Sie an den Rundungen die Ntzg im Abstand von 1 cm vorsichtig bis zur Naht ein. Wenden Sie den Loop und bügeln Sie die Kanten und Nähte in Form.

3 Heften Sie die schmalen Seitenkanten des Loops aus Stoff B r-a-r auf die noch offenen Seitenkanten des Loops aus Stoff A und nähen Sie diese zusammen. Achten Sie darauf, dass die Kanten exakt aufeinanderstoßen. Die noch offene Seitenkante von Stoff A nähen Sie ebenfalls zu. Abschließend nähen Sie mit kleinen Handstichen die Öffnung an der Innenkante zu.

4 Fädeln Sie auf jede dritte oder vierte Franse, wie es Ihnen gefällt, eine Großloch-Glasperle und knoten Sie diese auf der gewünschten Höhe fest.

Business Chic

mit Loop ins Büro

GRÖSSE
ø 75 cm x 13 cm

MATERIAL
* Baumwollstoff in Hellblau
  (Stoff A), 80 cm x 28 cm
* 6 Glaswachsperlen in Weiß,
  ø 5 mm

ZUSCHNITT
1x „Business Chic 1" (Stoff A)
1x "Business Chic 2" (Stoff A)

**SCHNITTMUSTER-
BOGEN 1B**

1 Auf der linken Seite einer Stoffbahn die gestrichelten Linien gemäß Schnittmuster für das Smoken der „Blumen" mit einem Textilmarkierstift einzeichnen. Beginnen Sie bei Quadrat 1 mit dem Handnähfaden an einem „Eckquadrat" die Punkte 1-4 gemäß Schnittmuster zu verbinden, wobei Sie an Punkt 1 den Faden vernähen müssen. So entsteht eine Art „Blüte". Abschließend vernähen Sie den Faden mit zwei bis drei Handstichen. Wiederholen Sie diesen Schritt gemäß Schnittmuster in allen vier „Eckquadraten" im Quadrat 1. Wiederholen Sie diese Schritte gemäß Schnittmuster über die ganze Stoffbahn.

2 Heften Sie mit zwei bis drei Handstichen in Quadrat 1-6 jeweils die Falte 1 zusammen. Ebenso nähen Sie die Falte 2 in Quadrat 1-6 zusammen und nähen abschließend noch eine Perle auf.

3 Heften Sie die Längskanten der beiden Stoffbahnen jeweils r-a-r aufeinander und nähen Sie die obere Längskante und die untere Längskante von der rechten und linken Seitenkante ca. 7 cm eingerückt zusammen. Wenden Sie den Loop und bügeln Sie die Kanten und Nähte in Form. Nähen Sie die Seitenkante zu. Schließen Sie die Wendeöffnung mit kleinen Handstichen.

Pure Style

gesmokter Loop

GRÖSSE
ø 62 cm x 20 cm

MATERIAL
* Baumwoll-Voile in Royalblau (Stoff A), 1,37 m x 50 cm

ZUSCHNITT
1x „Pure Style" im Stoffbruch (Stoff A)

SCHNITT-MUSTER-BOGEN 1B+2A

1 Markieren Sie auf der Rückseite des Stoffes, gemäß Schnittmuster, die Punkte zum „smoken" mit einem Textilmarkierstift.

2 Falten Sie an diesen Punkten den Stoff zuerst waagrecht parallel zur Längskante und bilden dann eine kleine Falte von ca. 3 mm parallel dazu (siehe „So wird's gemacht" Smoke-Technik). Nähen Sie diese Falte nun mit ein paar fest vernähten Handstichen zusammen. Auf der Vorderseite sieht dieser Punkt dann „abgebunden" aus. Dies wird gemäß dem Schnittmuster einige Male wiederholt.

3 Anschließend nähen Sie die Längskante zusammen, ca. 5 cm eingerückt von der rechten und linken Seitenkante.

4 Wenden Sie den Loop und bügeln Sie leicht darüber, sodass die „abgebundenen" Punkte noch plastischer herauskommen.

5 Nähen Sie die Seitenkante rundherum zusammen.

6 Schließen Sie die Öffnung an der Unterkante mit kleinen Handstichen.

Mein Tipp für Sie

Strahlende Farben Der gesmokte Loop wirkt besonders gut, wenn der Stoff eine kräftige Farbe hat! Orange, Rot oder Grün kommen gesmokt perfekt zur Geltung.

Sportsfreund

Loop mit praktischen Tunnelzügen

GRÖSSE
ø 50 cm x 30 cm

MATERIAL
* Feincord in Rosa (Stoff A), 1,04 m x 32 cm
* Baumwoll-Batist in Orange mit pinken Punkten (Stoff B), 1,02 m x 5 cm
* Baumwoll-Batist in Türkis mit orangen Punkten (Stoff C), 1,02 m x 5 cm
* Baumwoll-Batist in Apfelgrün mit hellblauen Punkten (Stoff D), 1,02 m x 5 cm
* 2 transparente Kordelstopper
* 2 Elastik-Kordeln in Rosa, ø 2,5 mm, 1,10 m lang
* Standard-Elastikband, 70 cm lang

ZUSCHNITT
1x „Sportsfreund" im Stoffbruch (Stoff A)

1x Stoff B,1,02 m x 5 cm

1x Stoff C, 1,02 m x 5 cm

1x Stoff D, 1,02 m x 5 cm

SCHNITTMUSTER-BOGEN 2A

1 Schließen Sie die Seitenkanten an Stoff A mit einer Kappnaht (siehe „So wird's gemacht") und bügeln Sie diese in eine Richtung.

2 Bügeln Sie jeweils beide Längskanten von Stoff B, C und D zur Innenseite 1 cm um, sodass jeweils ein Streifen von ca. 3 cm Breite entsteht und nähen Sie die Enden der Streifen aus Stoff B und D auf eine Länge von 1 m zusammen.

3 Nähen Sie die Ntzg des Streifens aus Stoff D r-a-l an die Unterkante von Stoff A. Achten Sie darauf, dass Sie in der Bügelfalte nähen. Nähen Sie gemäß Schnittmuster eine kleine Öse oder ein Knopfloch in Stoff D und öffnen diese vorsichtig mit dem Nahtauftrenner oder mit einer klei-

nen spitzen Schere. Ziehen Sie die rosa Kordel von ca. 1,10 m Länge durch und stoppen Sie diese mit einem Kordelstopper. Heften Sie nun die Unterkante des Tunnelzuges fest und steppen Sie diese schmal ab. Ebenso steppen Sie die Oberkante des Tunnelzugs schmal ab.

4 Wiederholen Sie Schritt 3 mit Stoff B.

5 Schlagen Sie die Seitenkanten von Stoff C 1 cm um und heften Sie diese auf die hintere Mitte. Die Seitenkanten bleiben noch geöffnet für den Durchzug des Elastikbandes. Steppen Sie die Kanten des Tunnelzugs aus Stoff C schmal auf Stoff A und ziehen Sie mit einer Sicherheitsnadel die 70 cm Elastikband durch. Schließen Sie nun die Enden des Bandes mit einem engen Nähmaschinenstich und vernähen Sie die Öffnung am Tunnelzug mit kleinen Handstichen.

Colorblocking

mit dem Dreifach-Loop

GRÖSSE
ø 67 cm x 30 cm

MATERIAL
* Baumwoll-Voile in Koralle
  (Stoff A), 1,35 m x 30 cm
* Baumwoll-Voile in Braun
  (Stoff B), 1,35 m x 25 cm
* Baumwoll-Voile in Gelb
  (Stoff C), 1,35 m x 20 cm
* Baumwollschrägband in
  Grün, Gelb und Türkis,
  je 2 cm breit, 2,75 m lang

ZUSCHNITT
1x Stoff A, 1,35 m x 30 cm
1x Stoff B, 1,35 m x 25 cm
1x Stoff C, 1,35 m x 20 cm

Hinweis: Die Baumwollschrägbänder je Farbe halbieren.

1 Schließen Sie die Seitenkante von Stoff A mit einer Kappnaht (siehe „So wird's gemacht") und bügeln Sie die Naht in eine Richtung. Nähen Sie die Seitenkanten der beiden ca. 1,37 m langen grünen Schrägbänder jeweils zusammen und schneiden Sie die Ntzg schmal zurück. Fassen Sie die Ober- und Unterkante von Stoff A jeweils mit einem grünen Schrägband (siehe „So wird's gemacht") ein.

2 Heften Sie an die Längsseiten der Stoffbahn B die beiden gelben Schrägbänder und nähen diese, jeweils 5 cm eingerückt von der rechten und linken Seitenkante, fest. Legen Sie die Stoffbahn B durch den Loop aus Stoff A und schließen Sie die Seitenkante an Stoff B mit einer Kappnaht. Nun schließen Sie die gelben Schrägbänder an Stoff B, schneiden Sie die Ntzg knapp zurück und nähen diese an der restlichen Kante von Stoff B an.

3 Heften Sie an die Längsseiten der Stoffbahn C die beiden türkisen Schrägbänder und nähen diese, jeweils 5 cm eingerückt von der rechten und linken Seitenkante, fest. Legen Sie die Stoffbahn C durch den Loop aus Stoff B und schließen Sie die Seitenkante an Stoff C mit einer Kappnaht. Nun schließen Sie die türkisen Schrägbänder an Stoff C, schneiden Sie die Ntzg knapp zurück und nähen diese an der restlichen Kante von Stoff C an.

4 Abschließend legen Sie die Loops an der Kappnaht übereinander: zuerst Stoff A, Stoff B und dann C. Nähen Sie diese mit zwei kleinen Handstichen zusammen.

Mein Tipp für Sie

Grenzenlos Fügen Sie, je nach Belieben, weitere Stoffbahnen aus knalligen Farben hinzu. Beim Colorblocking sind der Fantasie keine Grenzen gesetzt!

Pink Camouflage

lässiger Snood mit Kapuze

GRÖSSE
ø 70 cm x 70 cm

MATERIAL
* Baumwoll-Flanell mit Camouflagemuster in Orange-Pink (Stoff A), 1,10 m x 80 cm
* Jerseystoff in Pink (Stoff B), 1,50 m x 75 cm

ZUSCHNITT
2x „Pink Camouflage" (Stoff A) (1x gegengleich)
1x „Pink Camouflage" im Stoffbruch (Stoff B)

SCHNITTMUSTERBOGEN 1A + 2A

1 Nähen Sie die beiden Teile aus Stoff A an der Vorderkante r-a-r zusammen und bügeln Sie die Naht auseinander.

2 Heften Sie das Teil aus Stoff B auf das Teil aus Stoff A r-a-r und nähen Sie die Unterkante zusammen. Die Oberkante mit der angeschnittenen Kapuze nähen Sie von der rechten und linken Seitekante ca. 10 cm eingerückt zusammen. Kürzen Sie die Ntzg auf ca. 5 mm und schneiden Sie diese an den Rundungen in ca. 1 cm Abstand vorsichtig bis zur Naht ein.

3 Wenden Sie den Snood und bügeln Sie die Kanten in Form.

4 Heften Sie zuerst die Kapuzenkante von Stoff A und Stoff B r-a-r zusammen und nähen sie so zusammen, dass die Nähte exakt aufeinandertreffen.

5 Abschließend nähen Sie die Wendeöffnung mit kleinen Handstichen zusammen.

> **Mein Tipp für Sie**
>
> **Think big** Großflächige Muster kommen hier besonders gut zur Geltung.

Black Beauty

Abendloop mit Fransen

GRÖSSE
ø 65 cm x 14 cm (ohne Fransen)

MATERIAL
* Baumwollstoff in Schwarz (Stoff A), 55 cm x 65 cm
* Baumwollstoff in Schwarz mit weißen Pünktchen (Stoff B), 55 cm x 65 cm
* 16 Perlmutt-Schmuckringe in Elfenbein, ø 1,5 cm
* 4 Wildlederbänder in Schwarz, 3 mm breit, 2,5 m lang

ZUSCHNITT
1x „Black Beauty" im Stoffbruch (Stoff A)

1x „Black Beauty" im Stoffbruch (Stoff B)

40x Wildlederbänder à 25 cm lang (aus einem Band von 2,5 m Länge 10 Stk. zuschneiden)

SCHNITTMUSTER-BOGEN 1A

1 Nähen Sie, gemäß Schnittmuster, 40 Wildlederbänder auf die Oberseite von Stoff B. Achten Sie darauf, dass beim Annähen die Bänder über Stoff B liegen.

2 Heften Sie nun Stoff A r-a-r auf Stoff B mit den angenähten Bändern und nähen Sie die Außenkante zu. Die Bänder verschwinden wie in einer „Tasche" zwischen den beiden Stofflagen. Nun schließen Sie auch die Innenkante, von der rechten und linken Seitenkante ca. 7 cm eingerückt. Kürzen Sie die Ntzg auf ca. 5 mm zurück und schneiden Sie an den Rundungen, im Abstand von ca. 1 cm, die Ntzg vorsichtig bis kurz vor der Naht ein.

3 Wenden Sie den Loop und bügeln Sie die Kanten in Form.

4 Nähen Sie nun die schmale Seitenkante von Stoff A r-a-r und von Stoff B r-a-r zusammen und bügeln danach die Nähte in Form. Schließen Sie die Öffnung mit kleinen Handstichen.

5 Fädeln Sie auf jede zweite oder dritte Franse einen Perlmutt-Schmuckring und machen Sie auf der gewünschten Höhe einen Knoten in die Franse.

Mein Tipp für Sie

Varianten Sie können natürlich experimentieren und alles Mögliche auf die Wildlederfransen auffädeln: Glasperlen, bunte Knöpfe, „Lieblingsanhänger" von einem Bettelarmband oder statt der Fransen Paillettenbänder einnähen. Besonders schön wirken auch kleine Stoffblüten (siehe „So wird's gemacht").

Colours all over

Faltenloop „Harlequin"

GRÖSSE
ø 67 cm x 28 cm

MATERIAL
* Baumwollstoff in Pink-Rot-
  Violett-Blau gemustert
  (Stoff A), 1,38 m x 1 m
* Baumwollbatist in Wasser-
  blau mit hellblauen Punkten
  (Stoff B), 1,14 m x 70 cm

ZUSCHNITT
2x Stoff A, 1,38 m x 30 cm
1x Stoff A, 58 cm x 30 cm
1x Stoff B, 78 cm x 30 cm
1x Stoff B, 57 cm x 30 cm

1 Bügeln Sie bei einer Stoffbahn aus Stoff A Querfalten (parallel zur Seiten-kante) mit ca. 1-1,5 cm Tiefe immer in eine Richtung und wiederholen dies mit der zweiten Stoffbahn aus Stoff A. Fixie-ren Sie die Falten an Ober- und Unter-kante mit Heftstichen und legen Sie die beiden gefalteten Stoffbahnen in Längs-richtung aneinander. Setzen Sie die Bah-nen so zusammen, dass die Falten über-gangslos weiterlaufen, bügeln Sie die Übergangsfalte und heften Sie die Über-gänge mit Stecknadeln zusammen. Nä-hen Sie die beiden gefalteten Stoffbah-nen r-a-r entlang der sichtbaren Bügelfalte zusammen und schneiden Sie die Nähte knapp zurück.

2 Nähen Sie nun die kürzere Stoffbahn aus Stoff A (58 cm x 30 cm) an eine Sei-tennaht der gefalteten Stoffbahn und die beiden Stoffbahnen aus Stoff B r-a-r an einer Seitenkante zusammen.

3 Heften Sie die beiden Teile aus Stoff A und Stoff B r-a-r aufeinander, sodass die Teile mit den gleichen Längen naht-gleich übereinander liegen und nähen Sie die Oberkante r-a-r zusammen. Nä-hen Sie die Unterkante, von der rechten und linken Seitenkante ca. 7 cm einge-rückt, zusammen.

4 Wenden Sie den Loop und bügeln Sie die Nähte und Kanten in Form.

5 Heften Sie die Seitenkante der gefal-teten Stoffbahn aus Stoff A mit der „glat-ten" aus Stoff A r-a-r und ebenso die Sei-tenkanten von Stoff B zusammen. Achten Sie darauf, dass die Nähte exakt überein-ander liegen und nähen Sie die komplet-te Seitenkante r-a-r zu. Zum Schluss nä-hen Sie die Wendeöffnung mit Handstichen zusammen.

Schmuckstück

Jerseyloop mit Perlenbändern

GRÖSSE
ø 60 cm x 14 cm

MATERIAL
* Jerseystoff in Silber (Stoff A),
  1,52 m x 40 cm
* 9 transparente Großloch-Glasperlen
  in Anthrazit, ø 1,6 cm
* 9 transparente Großloch-Glasperlen
  in Bergkristall, ø 1,6 cm

ZUSCHNITT
1x „Schmuckstück" aus Stoff A

5x Jerseystreifen in folgenden Längen
mit je 5 cm Breite (Zuschnitt parallel
der Schnittkante des Stoffes):
  1x 70 cm
  1x 65 cm
  1x 60 cm
  1x 55 cm
  1x 50 cm

SCHNITTMUSTERBOGEN
2 B

1 Ziehen Sie die zugeschnittenen Streifen für die Perlenbänder ein wenig in die Länge, sodass sich die Außenkanten nach innen rollen (siehe „so wird's gemacht" Jerseybänder), und fädeln Sie nun je Band drei bis vier Glasperlen abwechselnd in Anthrazit und Bergkristall auf, in unterschiedlichen Abständen, welche Sie später noch variieren können.

2 Falten Sie die Stoffbahn, gemäß Schnittmuster, in den Umbruch r-a-r und bügeln Sie die Umbruchkante. Nun falten Sie die Stoffbahn wieder auseinander und die rechte Stoffseite mit einer Bügelfalte in der Mitte liegt oben.

3 Heften Sie, gemäß Schnittmuster, die Perlenbänder an die Seitenkanten und nähen Sie diese an. Die Bänder müssen beim Annähen auf der Stoffbahn aufliegen, damit sie nach dem Wenden aus der Naht herauskommen. Achten Sie beim Nähen stets darauf, dass die Bänder in etwa gleichbreit aufgenäht werden. Die Kanten der Jerseybänder müssen auf jeden Fall im eingerollten Zustand angenäht werden. Heben Sie den Nähfuß kurz vor jedem Jerseyband an und setzen ihn so auf, dass das Jerseyband bereits ein wenig unter dem Nähfuß liegt.

4 Legen Sie die Stoffbahn über die Perlenbänder wieder in den Umbruch. Die Perlenbänder liegen wie in einer „Tasche" zwischen den Stoffbahnen. Nähen Sie die Seitenkanten zu. Schließen Sie ebenso die Längskante und lassen Sie dabei noch eine ca. 7 cm lange Wendeöffnung. Kürzen Sie die Ntzg auf ca. 5 mm und die Kantenecken, wenden Sie den Loop und bringen Sie die Ecken in Form. Nähen Sie die Öffnung mit kleinen Handstichen zu.

5 Zum Schluss können Sie die Perlen noch so verteilen, wie es Ihnen am besten gefällt.

Wellenreiten

mit dem Volantloop

1 Fassen Sie alle Volantaußenkanten, gemäß Schnittmuster 1 bis 3, mit dem roten Baumwollschrägband ein.

2 Nähen Sie den Volant aus Stoff C, gemäß Schnittmuster 4, r-a-r auf die Unterkante von Stoff A. Beim Annähen liegt der Volant auf der Stoffbahn aus Stoff A. Alle drei Volants werden auf diese Weise aufgenäht.

3 Nähen Sie nun den Volant aus Stoff B, gemäß Schnittmuster 4, r-a-l auf den Volant aus Stoff C und den Volant aus Stoff A r-a-l auf den Volant aus Stoff B.

4 Wiederholen Sie Schritt 2 und 3 auf der anderen Hälfte der Stoffbahn, gemäß Schnittmuster.

5 Legen Sie nun die Stoffbahn aus Stoff A in Längsrichtung r-a-r in den Stoffbruch. Die Volants liegen nun „eingepackt" zwischen den beiden Stofflagen. Nähen Sie die Längskante, ca. 7 cm rechts und links eingerückt von den jeweiligen Seitenkante, zusammen. Wenden Sie den Loop und bügeln Sie die Nähte und Kanten in Form.

6 Nähen Sie die Seitenkante der Stoffbahn aus Stoff A zusammen und schließen Sie mit kleinen Handstichen auf der Innenseite die noch offene Naht.

Sixties-Style

Falten zum „in Schale werfen"

GRÖSSE
ø 74 cm x 35 cm

MATERIAL
* Baumwollstoff in Braun mit blauen Punkten (Stoff A), 1,27 m x 37 cm
* Baumwollstoff in Braun (Stoff B), 75 cm x 37 cm

ZUSCHNITT
1x Stoff A, 1,27 m x 37 cm
1x Stoff B, 75 cm x 37 cm

1 Bügeln Sie bei der Stoffbahn aus Stoff A vier Querfalten (parallel zur Seitenkante) mit ca. 6-6,5 cm Tiefe immer in eine Richtung. Der Abstand der einzelnen Falten beträgt ca. 3,5-4 cm. Fixieren Sie die Falten an Ober- und Unterkante mit Heftstichen.

2 Legen Sie die gefaltete Stoffbahn A und Stoff B r-a-r in Längsrichtung aneinander. Heften Sie die Übergänge mit Stecknadeln zusammen. Nähen Sie die beiden Stoffbahnen r-a-r. Bügeln Sie die Nähte von der linken Seite jeweils auseinander.

3 Wenden Sie den Loop und bügeln Sie die Nähte und Kanten in Form.

4 Heften Sie die Seitenkante der gefalteten Stoffbahn aus Stoff A mit den Seitenkanten von Stoff B zusammen. Achten Sie darauf, dass die Nähte exakt übereinanderliegen und nähen Sie die komplette Seitenkante r-a-r zu.

5 Zum Schluss nähen Sie die Wendeöffnung mit Handstichen zusammen.

> **Mein Tipp für Sie**
>
> **Varianten** Sie können natürlich die Anzahl der Falten beliebig erweitern. Hierbei einfach die Länge des gepunkteten Stoffs entsprechend anpassen.

Kopfschmeichler

Snood zum Knöpfen

GRÖSSE
ø 60 cm x 49 cm

MATERIAL
* Feincord in Orange (Stoff A),
  35 cm x 55 cm
* Baumwoll-Batist in Orange
  mit pinken Punkten (Stoff B),
  35 cm x 55 cm
* Baumwoll-Batist in Pink mit
  orangen Punkten (Stoff C),
  1,10 m x 1,14 m
* 2 Knöpfe, ø 3-4 cm

ZUSCHNITT
2x „Kopfschmeichler 1" (Stoff C)
(1x gegengleich)

1x „Kopfschmeichler 2" (Stoff A)

1x „Kopfschmeichler 2" (Stoff B)

2x „Kopfschmeichler 3" (Stoff C)
(Besatz)

2x Stoffstreifen, 4 cm x 20 cm
(Stoff A) (Knopfverschluss)

**SCHNITTMUSTER-
BOGEN 1 A + 2 B**

1 Nähen Sie den Besatz aus Stoff C
r-a-r an das Teil aus Stoff A und bügeln
Sie die Ntzg in den Besatz. Nähen Sie
nun ein Kapuzenteil aus Stoff C an der
hinteren Naht mit dem Kapuzenteil aus
Stoff A r-a-r zusammen.

2 Ebenso nähen Sie den zweiten Besatz aus Stoff C r-a-r an das Teil aus
Stoff B und bügeln die Ntzg in den Besatz. Nähen Sie das Teil aus Stoff B an
der hinteren Naht mit dem zweiten Kapuzenteil aus Stoff A r-a-r zusammen.

3 Bügeln Sie für den Knopfverschluss
an dem Feincordstreifen die Kanten der
Länge nach ca. 1 cm zur Mitte und falten
Sie ihn nochmals längs zu einem ca.
8 mm breiten Streifen zusammen. Steppen Sie die offene Kante knapp ab und
teilen Sie den Streifen in 2x 10 cm. Nähen Sie die Laschen für den Knopfverschluss gemäß Schnittmuster auf Stoff C
und achten Sie darauf, dass die Streifen
beim Annähen auf der Stofffläche aus
Stoff C liegen. Nur so können Sie diese
beim nächsten Schritt richtig in die Naht
einarbeiten.

4 Heften Sie nun die beiden Snood-
Teile r-a-r zusammen und nähen Sie die
Außenkanten rundherum zu. Lassen Sie
eine ca. 10 cm große Wendeöffnung an
der Unterkante. Kürzen Sie die Ntzg auf
ca. 5 mm und schneiden Sie diese an
den Rundungen in ca. 1 cm Abstand vorsichtig bis zur Naht ein.

5 Wenden Sie den Snood und bügeln
Sie die Kanten und Nähte in Form.
Schließen Sie dann die Wendeöffnung
mit kleinen Handstichen. Nun nähen Sie
die beiden Knöpfe gemäß Schnittmuster
an die Kapuze aus Stoff C.

Barbara Koch Seit vier Jahren ist Barbara Koch auf Gotland (Schweden) als Allgemeinärztin tätig. Nähen bietet ihr im Alltag den perfekten Ausgleich, um ihre Kreativität auszuleben. Inspiriert wird sie dabei vom schlichten schwedischen Stil. Die Nähe zur Natur und der geruhsame Lebenstakt eignen sich hervorragend, um neue Nähprojekte zu entwerfen.

Eva Scharnowski nähte bereits mit fünf Jahren an der Nähmaschine ihrer Mutter und seit dieser Zeit ist die Leidenschaft zu Stoffen und Nähmaschinen ungebrochen. Mit der Kunsthändlerausbildung und dem Textildesignstudium war der Weg zur Designerin für Deko-, Bekleidungs- und Automobilstoffe nicht mehr aufzuhalten.

DANKE!

Wir danken den Firmen Coats GmbH, Salach, www.coatsgmbh.de, Rayher Hobby GmbH, Laupheim, www.rayher-hobby.de und Prym Consumer Europe GmbH, Stolberg, www.prym-consumer.com für die Unterstützung bei der Erstellung dieses Buches.

TOPP – Unsere Servicegarantie

WIR SIND FÜR SIE DA! Bei Fragen zu unserem umfangreichen Programm oder Anregungen freuen wir uns über Ihren Anruf oder Ihre Post. Loben Sie uns, aber scheuen Sie sich auch nicht, Ihre Kritik mitzuteilen – sie hilft uns, ständig besser zu werden.

Bei Fragen zu einzelnen Materialien oder Techniken wenden Sie sich bitte an unseren Kreativservice, Frau Erika Noll.
mail@kreativ-service.info
Telefon 0 50 52 / 91 18 58

Das Produktmanagement erreichen Sie unter:
pm@frechverlag.de
oder:
frechverlag
Produktmanagement
Turbinenstraße 7
70499 Stuttgart
Telefon 07 11 / 8 30 86 68

LERNEN SIE UNS BESSER KENNEN! Fragen Sie Ihren Hobbyfach- oder Buchhändler nach unserem kostenlosen Magazin **Meine kreative Welt**. Darin entdecken Sie dreimal im Jahr die neuesten Kreativtrends und interessantesten Buchneuheiten.

Oder besuchen Sie uns im Internet! Unter **www.topp-kreativ.de** können Sie sich über unser umfangreiches Buchprogramm informieren, unsere Autoren kennenlernen sowie aktuelle Highlights und neue Kreativtechniken entdecken, kurz – die ganze Welt der Kreativität.

Kreativ immer up to date sind Sie mit unserem monatlichen **Newsletter** mit den aktuellsten News aus dem frechverlag, Gratis-Anleitungen und attraktiven Gewinnspielen.

IMPRESSUM

FOTOS: frechverlag GmbH, 70499 Stuttgart; lichtpunkt, Michael Ruder, Stuttgart
PRODUKTMANAGEMENT: Anna Bender
LEKTORAT: Anja Fuhrmann
STYLING: Diekmann Face Art, Ludwigsburg
GESTALTUNG: Petra Theilfarth
DRUCK: frechdruck GmbH, 70499 Stuttgart   PRINTED IN GERMANY

3. Auflage 2013

© 2012 **frechverlag** GmbH, 70499 Stuttgart

ISBN 978-3-7724-6903-9 • Best.-Nr. 6903